AF371185

PANÉGYRIQUE

DU BIENHEUREUX MARTYR

Jean-Gabriel Perboyre

Prononcé à Saint-Walfroy le 16 Juillet 1890

Par M. L'ABBÉ F.-H. COMPANT

*Justorum semita quasi lux splen-
dens procedit et crescit usque ad perfectam diem.*

La voie des justes est comme une
lumière radieuse, et va croissant jusqu'au jour parfait.

(Prov. IV, 18.)

EMINENCE [1],
MONSEIGNEUR [2],
MES FRÈRES,

C'est l'Église elle-même, dans le décret de béatification, qui applique cette parole du sage au Bienheureux dont nous célébrons les vertus et le triomphe. Elle veut, sans doute, marquer par là le caractère spécial de sa sainteté et nous apprendre que s'il a souffert et s'il est mort à l'exemple du divin Maître, comme Lui aussi il a progressé dans la sagesse à mesure qu'il avançait en âge.

Semblable à une mère qui aime à rappeler l'enfance de son fils parvenu à la plénitude du talent, de la puis-

---

[1] Son Éminence Révérendissime le Cardinal LANGÉNIEUX, archevêque de Reims.

[2] Sa Grandeur Monseigneur PAGIS, évêque de Verdun.

sance ou de la gloire, l'Église, en présence de ce martyr qui est son enfant, se plaît à rappeler les chemins qu'il a parcourus ; à refaire, à son honneur et pour notre instruction, l'histoire de son âme. Sa voie, dit-elle, comme celle des justes, est semblable à une lumière radieuse dont l'aurore s'est levée à l'heure du baptême ; sa clarté, toujours croissante, n'a connu ni les intermittences de l'enfance, ni les éclipses de la jeunesse ; elle n'a fait que grandir dans les travaux de l'âge mûr, et, loin de s'éteindre avec la mort, elle brille d'un éclat d'autant plus vif qu'empourprée des splendeurs du martyre elle est parvenue, de degré en degré, au jour parfait, en se réunissant au divin Soleil de justice : *Procedit et crescit usque ad perfectam diem.*

C'est sous cet aspect, MES FRÈRES, que nous est apparue, dans sa simplicité et sa grandeur, la vie du bienheureux Jean-Gabriel Perboyre, prêtre de la Mission de Saint-Vincent de Paul, martyr de la foi. Je voudrais, laissant de côté la plupart des faits qui ont rempli sa glorieuse et trop courte carrière, vous montrer en lui une âme prévenue des faveurs les plus précieuses et fidèle à les faire fructifier ; une âme docile à toutes les inspirations de la grâce, et méritant, par sa docilité même, d'arriver au plus haut sommet de la perfection.

I

L'obligation essentielle que la religion impose à l'homme, c'est d'aimer Dieu de toutes ses forces et de ne rien aimer qui ne se rapporte à lui. C'est à quoi devrait tendre toute la vie chrétienne, qui consiste en cet amour, comme Notre Seigneur l'a enseigné dans l'Évangile. On n'est pas vraiment chrétien tant qu'on ne s'est pas établi en cet état; et l'homme a beau faire, s'il oublie cette condition indispensable de sa vie, si, au lieu de donner son cœur à Celui qui est la source de tout être et de tout bien, il l'attache à d'autres objets plus présents à ses yeux, sinon plus présents à son âme, tôt ou tard il lui faudra pleurer son aveuglement, rejeter avec mépris tout ce qui n'aura point été aimé pour Dieu, et tirer du fond de son cœur ce cri, le seul qui puisse ouvrir les portes du ciel : Mon Dieu, je vous aime par-dessus toutes choses !

Cet amour, qui n'est autre qu'une volonté ferme et constante de plaire à Dieu, de se conformer entièrement et en toutes choses aux desseins de sa providence sur nous, il a ses degrés dans l'âme humaine. Il naît, se nourrit, se fortifie et se perfectionne : *Charitas cum nata fuerit, nutritur*, dit quelque part saint Augustin, *cum fuerit nutrita, roboratur, cum fuerit roborata, perficitur;* car Dieu, qui l'opère, ne borne pas plus son action sanctifiante que son action créatrice, et l'âme, bien que finie en elle-même, se dilate cependant et grandit en amour plus encore qu'en intelligence. Et le dernier terme de cet amour sur la terre, non, ce n'est pas d'accepter et de recevoir joyeusement la mort plutôt que de trahir sa foi, c'est de l'appeler comme une délivrance de l'exil, *Desiderium habens dissolvi et esse cum Christo!* C'est d'offrir et de donner effectivement sa vie pour le plus grand service et la plus grande gloire de Dieu.

Le bienheureux Jean-Gabriel Perboyre est monté jusque-là! non tout d'un coup, pour ainsi dire, d'un bond, mais pas à pas, graduellement, en suivant sans chercher à les devancer jamais, mais aussi sans le moindre retard, les appels successifs de la grâce intérieure; et quand on étudie les opérations divines à travers sa vie, ce qui frappe tout d'abord, ce sont les conditions providentielles de sa naissance et de sa vocation sacerdotale.

Si Dieu n'a pas voulu qu'il trouvât dans son berceau l'éclat du nom et de la fortune, il lui a donné une noblesse d'origine préférable à celle de la race et du sang : une famille profondément chrétienne. Il lui a fait cette grâce incomparablement meilleure que toutes les illustrations du monde, celle d'être élevé par un père et une mère dignes de donner un saint à l'Église, capables de comprendre leur mission providentielle.

Ils savaient, en effet, que c'est le devoir rigoureux des parents de faire éclore et de nourrir, dans l'âme de leur enfant, le germe des vertus déposé par le saint baptême ; que ce travail doit commencer aussitôt que l'âme s'éveille à la vie morale, avec le premier regard, le premier sourire, la première parole, et qu'il est l'œuvre surtout de la mère, qui sait mieux que personne les chemins mystérieux par lesquels on arrive jusqu'au cœur d'un tout petit enfant.

Si cette œuvre fut saintement accomplie sous l'humble toit du Puech, vous en jugerez vous-mêmes, MES FRÈRES, sachant qu'à l'âge où d'ordinaire les enfants ne manifestent que leurs défauts et les tristes penchants de la nature, Jean-Gabriel était déjà un modèle achevé de toutes les vertus de l'enfance. Le Dieu qu'il avait reçu au baptême parlait à son cœur, et il ne savait pas d'autre réponse à lui faire que celle du jeune Samuel : *Parlez, Seigneur, car votre serviteur écoute ;* et aujourd'hui que cet enfant est devenu plus qu'un grand homme, plus qu'un héros, un saint, un martyr, si loin que l'on remonte dans l'histoire de sa vie, on ne peut qu'admirer sa modestie, son obéissance, sa piété, sa dévotion précoce au Très Saint Sacrement, sa charité envers les pauvres. Ne nous en étonnons pas, MES FRÈRES ; ne nous étonnons pas de rencontrer à la fois tant et de si hautes qualités dans un âge aussi tendre : là où Dieu habite, là où il est connu, obéi, aimé, là se donnent rendez-vous toutes les vertus que la charité réunit et lie ensemble comme un faisceau de perfection : *Charitas... quod est vinculum perfectionis.* Et parce que, selon l'expression de l'Esprit Saint, *la piété est utile à tout,* en même temps que la connaissance et l'amour de Dieu se développent dans une âme, les facultés naturelles elles-mêmes, comme poussées par ce mouvement ascensionnel, grandissent et en reçoivent une merveilleuse aptitude à toutes les sciences utiles. C'est pourquoi le jeune Gabriel Perboyre n'était pas seulement le plus pieux des enfants, il était encore le plus intelligent à l'école, le plus appliqué et le plus habile aux travaux que lui confiait son père. Aussi, en le voyant si ouvert par l'intelligence aux choses de l'esprit, si régulier dans toute sa conduite, disait-on habituellement de lui : Il sera prêtre un jour.

C'était, en effet, le dessein de la Providence. Jean-Gabriel avait quinze ans. Son père, sollicité de lui faire commencer les études dans un séminaire, voulut, en vrai chrétien, s'assurer des dispositions de son fils, et lui demanda de se prononcer lui-même. C'est ici, MES FRÈRES, que se révèle l'attention de notre saint à consulter Dieu, à écouter sa voix, sa fidélité à lui obéir sans autre préoccupation que celle de son salut. Il obtient quelques jours pour examiner quel parti il doit prendre *afin d'aller plus sûrement au ciel,* ce sont ses propres expressions ; et il ajoute, dans une lettre à son père où son âme se montre telle qu'elle est :

Après bien des prières, j'ai cru que le Seigneur voulait que j'entrasse dans l'état ecclésiastique. En conséquence, j'ai commencé à étudier le latin, bien résolu de l'abandonner si vous n'approuvez pas ma démarche.

Ne dirait-on pas, Mes Frères, que cet enfant a déjà la science consommée des saints ? Quelle maturité de jugement ! Quelle décision dans sa conduite ! Quel regard sur ses éternelles destinées ! Quel accord il sait établir entre l'obéissance qu'il doit à Dieu et l'obéissance qu'il doit à son père ! Et cet enfant a tout examiné, tout pesé dans son esprit et dans son cœur : *Je connais,* ajoute-t-il, *le besoin que vous avez des petits services que je puis vous rendre ; mon seul regret est de ne pouvoir vous soulager dans vos grandes occupations. Mais si le bon Dieu m'appelle à l'état ecclésiastique, je ne puis prendre d'autre chemin pour arriver à l'éternité bienheureuse.*

Ainsi donc, Mes Frères, voilà le premier résultat, le premier fruit de ce travail intérieur qui s'est opéré au foyer paternel. A quinze ans, à l'âge où l'homme commence de vivre, où les sentiments naturels se dessinent et s'affirment, où les objets sensibles se revêtent de couleurs si vives et si séduisantes, Jean-Gabriel ne sait qu'une chose : prendre le chemin le plus sûr pour aller au ciel ! — Désormais, c'en est fait. Les charmes qui attachent tant d'âmes à la terre n'auront aucune prise sur lui ; tout son être est à Dieu, à Jésus-Christ, aux âmes ; il tend de toutes ses forces vers ce monde supérieur où il a mis ses meilleures espérances.

Ai-je besoin, alors, de redire une à une les vertus qui brillent en lui durant les années d'étude au séminaire ? *On eût dit,* rapporte un de ses condisciples, *qu'il avait reçu le don de double nature et qu'il y avait en lui deux âmes, l'une entièrement au travail, l'autre entièrement à Dieu ; on remarquait cela en lui constamment, en classe, à l'étude, en récréation.* Tout est là, MES FRÈRES. Si sa piété est à la fois sérieuse et aimable, si sa mortification est aussi discrète qu'elle est continuelle, si son application à l'étude n'a d'égale que son humilité dans le succès, s'il se fait tout à tous dans la pratique d'une charité douce, ferme et vigilante, ne cherchez point le secret de cet ensemble harmonieux des diverses vertus qui font les saints ailleurs que dans ce seul mot : il est entièrement à Dieu. Il est à Lui comme tant d'autres de quinze à vingt ans sont aux plaisirs, aux espérances mondaines, aux rêves d'avenir ! Il le cultive là, dans son cœur, comme tant d'autres, les appétits naturels et les ambitions vulgaires. C'est pour Lui qu'il travaille, pour Lui qu'il souffre, pour Lui qu'il corrige ses défauts, réforme ses penchants, et tout cela si constamment, avec une attention si soutenue qu'on serait tenté de redire, avec un de ses contemporains, que Dieu l'avait exempté de toute imperfection.

Il n'en est rien cependant. Car quelle victoire aurait-il remportée s'il n'avait pas combattu? On l'a remarqué avant moi, c'est de la grâce divine plus encore que de la gloire humaine qu'il faut dire : Elle vend chèrement ce qu'on croit qu'elle donne ! Et pour détruire, s'il était possible, une erreur aussi funeste aux simples chrétiens qu'à ceux qui marchent dans les sentiers de la perfection, je voudrais ici pouvoir analyser devant vous, MES FRÈRES, les sacrifices, les souffrances, les luttes intimes de notre Bienheureux pendant cette période de sa vie, période de formation où l'amour qui est en lui ne se nourrit guère que des victimes immolées sur l'autel du cœur, — *charitas nutritur*, — et vous montrer que ces victimes exigées par la sainte jalousie de Dieu ce sont ces vanités, ces recherches personnelles, ces complaisances égoïstes, cet ensemble d'attachements naturels dont les germes se trouvent chez les meilleurs et qu'il faut à tout prix étouffer, arracher ou diriger selon l'unique bon plaisir de Celui dont on a fait le Maître et le Roi de son âme !

Il est vrai, ce travail non seulement de tous les jours, mais de toutes les heures, a dès ici-bas d'indicibles récompenses. A mesure qu'elle s'épure, l'âme monte vers la perfection, les horizons s'élargissent, l'œil intérieur découvre des hauteurs inconnues au delà de ce qu'elle croyait être un sommet : *Justorum semita quasi lux splendens procedit et crescit*. Et par là même qu'elle les voit, l'âme y marche avec ardeur et avec une joie que chaque effort augmente, parce qu'elle sent en elle la puissance de les atteindre.

C'est ainsi que Jean-Gabriel se préparant, comme nous venons de le dire, aux redoutables honneurs du sacerdoce, vit bientôt s'ouvrir devant lui une voie plus parfaite que celle du ministère ordinaire du prêtre : la vie religieuse et apostolique. Et, parce que cette vision était pour lui un appel divin, il entra résolument dans la Compagnie des Prêtres de la Mission qui se reformait alors.

Je ne veux pas faire ici, MES FRÈRES, l'éloge de cette sainte et vaillante Société. Ses œuvres admirables sont sous nos yeux ; elles parlent plus haut et mieux que tout langage humain. Mais quand elle n'aurait d'autre titre à la reconnaissance des peuples que les bienfaits de saint Vincent de Paul, son fondateur ; quand elle n'aurait pas renouvelé mille fois, à travers le monde et les siècles, les miracles de sa charité, de son héroïsme et de son apostolat ; quand elle n'aurait fait d'autre bien que de donner à l'Église un saint, un martyr comme Jean-Gabriel Perboyre, ne mériterait-elle pas les meilleures bénédictions et de Dieu et des hommes?

Par les vœux de religion, notre Bienheureux a brisé les liens qui l'attachaient encore au monde et à sa famille ; il a enchaîné sa liberté et fait le sacrifice de ce que l'homme se résout le plus difficilement à donner, sa volonté propre. Ce n'est pas, toutefois, sa dernière étape dans le chemin royal de l'amour. Au contraire, il lui semble n'avoir encore rien fait, car il veut être non seulement un religieux parfait, mais un apôtre, un missionnaire dans toute la belle et noble acception de ce mot.

C'est dans cette nouvelle carrière que nous allons le suivre, ou plutôt suivre les ascensions continues de son âme.

II

Le missionnaire est fait d'abnégation et de générosité. Il renonce à tout ce qui reste encore au religieux, pour donner tout. Tel est le travail de la grâce dans son âme, lorsqu'il s'y livre sans réserve, qu'il l'amène à un dépouillement complet de tout le créé, à une destruction totale de l'homme avec ses désirs humains; mais, en même temps, à une force d'activité et d'héroïsme d'autant plus grande que le missionnaire est plus libre et plus dégagé de tout intérêt personnel.

Certes, si, après ce que nous venons de voir de ses vertus, le bienheureux Jean-Gabriel Perboyre a encore un désir, un seul, mais ardent, c'est bien d'être envoyé vers les païens de la Chine pour leur prêcher son Dieu, les baptiser, leur ouvrir le ciel..... et peut-être, car il a entrevu ce bonheur, peut-être remporter la palme du

martyre. Et cependant, il fait tout céder devant l'obéissance. Quand ses supérieurs lui représentent le mauvais
état persistant de sa santé et lui ordonnent d'abandonner son projet, il ne renonce pas à son espoir,
parce que la voix intérieure dont il entend les appels ne
le lui permet pas ; mais il fait mieux, il se soumet. Car
il est arrivé à ce degré de dépouillement dont je viens
de parler, à cet état souverainement laborieux et souverainement méritoire d'une âme toujours maîtresse
d'elle-même qui attend et reçoit, sans trouble ni em-
pressement, les ordres de Dieu pour les exécuter comme
il veut, quand il le veut et dans la mesure où il le veut.

Ainsi arrêté dans son élan magnanime vers le travail
et l'immolation, heureux de faire la volonté divine avec
d'autant plus d'assurance qu'il lutte et combat contre
la sienne, il accepte avec humilité, avec une joie surna-
turelle qui le dédommage de tous les sacrifices, les
diverses fonctions qu'on lui confie. A Montdidier, à
Saint-Flour, à Saint-Flour surtout, où il donne la mesure
de sa haute intelligence dans l'enseignement de la théo-
logie dogmatique et de ses qualités d'éducateur, dans
la direction d'un collège qu'il sait relever et rendre pros-
père, partout il porte l'éclat et le bienfait de ses vertus,
partout *il passe en faisant le bien*, cherchant à grandir
toujours en sainteté et croyant sincèrement que ses
péchés seuls le rendent indigne de la vocation apostolique.

Toutefois, lorsque, directeur des novices de la

Compagnie, il voit ces jeunes gens, formés par lui, libres de porter l'Évangile jusqu'aux extrémités du monde, ses désirs s'enflamment; il va de nouveau implorer à genoux une autorisation qui lui permettra de répondre enfin aux appels de plus en plus pressés de la grâce; et, l'ayant obtenue, au comble de la joie, il part..... Et, à voir le vaisseau qui l'emporte tranquille à travers les flots de l'océan, ne vous semble-t-il pas, MES FRÈRES, contempler comme une image de son âme que le Saint Esprit dirige depuis son enfance, comme naturellement et sans effort, vers ces plages tant désirées de la Chine, où il le pousse sans relâche, toujours en avant, dans la voie de la douleur et du suprême sacrifice !

Abordez, généreux apôtre ! mettez le pied sur ce nouveau théâtre où votre vie d'amour va grandir et se fortifier par les labeurs de l'apostolat, *Charitas cum nutrita fuerit, roboratur*.

C'est ici, en effet, MES FRÈRES, que nous trouvons notre Bienheureux dans son élément. Tandis que, pour les autres, la vie n'est pesante que lorsqu'elle est sans plaisirs, pour les saints, elle n'a d'amertume que lorsqu'elle est sans croix. Aux saints, il faut la souffrance : c'est la condition de leur sanctification, la cause de leurs mérites, le fondement de leurs espérances. Ah ! elle ne sera point épargnée au nouveau missionnaire. A peine arrivé sur le sol chinois, il est terrassé par une maladie qui met, pendant trois mois, ses jours en danger. Mais, sorti de cette épreuve, il embrasse avec ardeur les rudes travaux de sa vocation. *Avide de sacrifices, il a de quoi faire une sainte fortune ! Les peines ne manquent pas au Missionnaire, écrit-il, mais ces peines sont si précieuses aux yeux de la foi qu'elles méritent bien qu'on aille les chercher au bout du monde.* Il est venu les chercher, il les trouve et il s'en estime heureux. Mais ne le croyez pas satisfait. L'amour qui est en lui ne cesse de le tourmenter, de le travailler par de saintes agitations et de lui faire entendre qu'il ne donne pas encore assez. Une nourriture malsaine, de sanglantes disciplines, une chaîne de fer autour des reins, un dur cilice, la croix, en un mot, volontairement et continuellement portée, voilà par quels supplices il essaie de contenter les exigences de son cœur et d'apaiser sa soif de souffrir.

Et sans doute, comme tant d'autres saints, comme le grand Paul, il va surabonder de joie au milieu de ses tribulations. Oui, MES FRÈRES, c'est la loi; Dieu rend au centuple ce que l'on fait pour lui. Mais la joie ne sera pas de longue durée. Ah ! combien nous ignorons la conduite de Dieu à l'égard de ses meilleurs amis! Quand Dieu aime une âme, MES FRÈRES, quand il en est vraiment aimé, quand il veut la fortifier dans la vie des parfaits et la faire parvenir à ce plein jour, *usque ad perfectam diem,* où il n'admet que le petit nombre des élus de sa grâce, par quels chemins mystérieux ne les conduit-il pas?... Jouir au milieu des tribulations, c'est encore trop! c'est encore la lumière, c'est encore la paix, ce sont encore les divines espérances..... et il faut que tout cela meure, ne fût-ce que pour un jour; il faut que tout cela disparaisse et se change en obscurités, en craintes, en angoisses, afin qu'il ne reste plus, à un moment donné, que la foi avec ses mystères, et que l'âme, du fond de cet abîme où elle se croit tombée, dénuée de tout, dans sa solitude profonde et comme anéantie, trouve encore en elle, cependant, assez de force pour se soulever et crier vers le Seigneur : *Etiamsi occiderit me, in ipso sperabo!* Quand vous me tueriez, mon Dieu, j'espérerais encore en vous!

Eh bien! il a fallu que le bienheureux Jean-Gabriel passât par cette épreuve. Un jour, la lumière qui éclaire ses pas disparaît, et avec elle le goût même des choses divines. Dieu se retire de lui comme une mère qui se cache de son enfant et semble se complaire en ses cris de douleur, pour lui faire mieux sentir le besoin qu'il a de son appui et le confirmer dans son amour. Dieu donc le laisse à sa faiblesse. Notre Saint prie, et le ciel semble rejeter sa prière; son crucifix, l'unique, l'inséparable ami du missionnaire, son crucifix lui paraît menaçant; la célébration même du saint sacrifice lui est une torture; il perd la mémoire de tout le bien qu'il a fait; il ne se souvient plus que des péchés qu'il a commis ; les épouvantes de la mort viennent fondre sur son âme éperdue, et il croit voir, à chaque heure, l'enfer ouvert sous ses pieds ! Dieu s'est retiré !

Était-ce donc pour être abandonné de Dieu, ô noble Apôtre, que vous avez tout abandonné pour Lui ?

Mais pourquoi nous plaindre, MES FRÈRES, puisque lui-même, pendant plusieurs mois, il souffre en patience ce supplice plus dur que mille morts, jusqu'à l'heure où son divin Maître, lui apparaissant cloué à la croix, lui adresse cette consolante parole : *Que crains-tu ? Ne suis-je pas mort pour toi ?*

C'était la récompense, car son âme est sortie de là purifiée de toute souillure, comme un métal précieux qui perd dans le creuset les scories dont il est mélangé, *Charitas perficitur ;* c'était aussi la force, car il est prêt, maintenant, pour l'effroyable martyre qui lui est réservé ; au jugement de Dieu, il peut aller rejoindre la phalange des prophètes dont parle saint Paul, qui ont été forts dans le combat et dont le monde n'était pas digne ; il est mûr pour le ciel, et la plus belle mort qui puisse couronner une si belle vie, c'est l'immolation d'un calvaire ! Il l'aura, son calvaire ; et d'avance il peut saluer cet autel du martyre que, depuis si longtemps, les désirs de son âme ont appelé, *Procedit et crescit usque ad perfectam diem.*

Il n'entre pas dans mon dessein, MES FRÈRES, de vous raconter en détail ses longues souffrances. Qu'il me suffise de dire que, trahi par l'un des siens comme le divin Maître, au moment même où la persécution éclate, le bienheureux Perboyre est aussitôt chargé de chaînes et conduit devant ses juges, ou plutôt devant ses bourreaux. Pendant près d'une année, pendant onze mois et vingt-cinq jours, — ah ! on pourrait compter les heures, des heures si belles, si enviables, dans la vie d'un saint ! — pendant onze mois et vingt-cinq jours, il est traîné de ville en ville, de tribunal en tribunal, de prison en prison, exposé aux outrages de la multitude, frappé cruellement, meurtri, horriblement défiguré ; et, en toutes choses, parfait imitateur de son divin modèle, il se tait, il n'ouvre même pas la bouche pour se plaindre. Une fois, pourtant, oui, une fois, son cœur paraît douloureusement ému, ses yeux se remplissent de larmes. On vient de placer devant lui un crucifix et on lui ordonne de le fouler aux pieds. Il pousse un faible gémissement, car ses forces sont épuisées ; il se baisse péniblement, car son corps broyé, rompu, n'est plus qu'une plaie ; il ramasse la sainte image, la presse sur son cœur ; par un suprême effort, il la colle à ses lèvres ensanglantées et la couvre des baisers d'un amour plus fort que la mort ! Il n'en fallait pas tant pour ranimer la rage de ses bourreaux ; et, quand on lit le récit de ses horribles tortures, on se demande comment il a pu leur survivre, si ce n'est que Dieu le soutenait, par un secret dessein de sa providence, pour achever sa haute beauté morale, et dans

ce but lui demandait mille et mille souffrances en retardant la dernière.

Enfin, le jour de la mort s'est levé ; disons plutôt, avec l'Église, le jour de la naissance, *le jour parfait*. La douce victime est attachée à un gibet en forme de croix, et, sous l'étreinte lente et savamment calculée du bourreau qui veut lui faire savourer l'amertume de l'angoisse suprême, il rend le dernier soupir.

C'est fait ! Et tandis que son âme, enfin délivrée de ses liens, monte, de clarté en clarté, vers Celui qu'elle a entrevu ici-bas, en qui elle a mis toujours sa foi, ses espérances et son amour, Dieu manifeste sur la terre la gloire de son serviteur. L'aspect du Saint, l'extraordinaire beauté de son visage, ses yeux modestement baissés, l'auréole lumineuse qui entoure sa tête, une croix qui apparaît dans les cieux, un païen qui se convertit à la vue de ces merveilles ; voilà les premiers éclats de son triomphe ; triomphe glorieux qui, semblable à sa vie, va croître et grandir jusqu'au jour parfait des honneurs publics réservés aux saints. Autant le Missionnaire a été obscur, autant le Martyr sera glorifié. Voici que ses condisciples d'autrefois, ses élèves, ses maîtres, ses frères en religion redisent ses admirables vertus ; le respect et la vénération entourent son tombeau et s'attachent au moindre objet qui rappelle son souvenir : c'est déjà une sorte de culte que l'autorité souveraine et infaillible du Vicaire de Jésus-Christ vient de confirmer aux applaudissements du peuple chrétien. Partout, en effet, les fidèles se sont levés pour célébrer, dans des manifestations comme celle qui nous rassemble, la mémoire du bienheureux Martyr; partout on redit ses vertus, ses combats, ses victoires, partout c'est le triomphe tel que l'Église seule en sait faire à ses héros !

Partout aussi, c'est la leçon d'une vie et d'une mort admirables entre toutes qui est donnée aux chrétiens. Car, quelle leçon pour nous, MES FRÈRES ! Je dis pour nous, prêtres et fidèles. A la lumière des nobles exemples que nous venons de méditer, ne comprendrons-nous pas, enfin, les chastes attraits de la beauté morale, de cette vie intérieure qui est vraiment le règne de Dieu dans l'âme; ne comprendrons-nous pas les saintes austérités des devoirs que cette divine présence impose, les splendeurs du sacrifice, les élans prodigieux de l'héroïsme surnaturel ! O bienheureux Martyr ! faites-nous aimer, d'un efficace amour, toutes ces grandes choses qui éclatent dans votre vie, que nous devons, à un certain degré, reproduire dans la nôtre, et qui ne sont, après tout, que le rayonnement de Jésus-Christ à travers les âmes !

C'est la grâce que j'implore pour vous, MES BIEN CHERS FRÈRES, en même temps que pour moi, avec la bénédiction de Son Éminence et de Sa Grandeur. »

16328 — Imprimerie de l'Archevêché (N. Moncr, dir.), rue Pluche, 24.